有一天，就這麼發生了

UN DÍA OCURRIÓ MICROCUENTOS

迷你極短篇

RENÉ MERINO

雷內・梅里諾 圖・文　葉淑吟 譯

小小奇蹟出現

有一天，是最尋常的一天，也是點石成金的一天；是有些輕巧的、浪漫的、幾乎令人心疼的小小奇蹟出現的一天；是板塊擠壓，冰山融化，島嶼隆起與沉沒同時發生的一天……這些故事的開始伴隨結束，像一則則短籤，留下輕淺亦深長的柔軟感傷。像初春的風，透漏隱微的孤冷訊號；像你走著走著，不抱期待地迎來人生的第三種坡道「まさか（意想不到）」

＿詩人 任明信　編注：まさか語出日本編劇坂元裕二《四重奏》金句。人生有三種坡道，上坡道、下坡道、意想不到。

銳利洞澈的狠勁

散落的願，佔據了每一頁。有的荒謬，有的孤寂，有的甜膩，有的慧黠。雷內・梅里諾拆解童話結局，世故地攤露天真的一廂情願，或是輕快地勾勒現代生活的荒誕如何毀滅了童話的開場。他大刀劈落一切瑣細跌宕的戲劇情節，僅僅留下核心的人性情態。每一頁戛然而止的「全劇終」具有一種銳利洞澈的狠勁：生命無可辯駁，悲劇無可逆轉，而最強的願無須冗贅的禱詞。

＿詩人 吳俞萱

每幅圖都是人生問答

這本書如「散步」一般的悠緩節奏，帶人進入沉思狀態，每一幅圖提出一生命問答，彷彿正看著膠捲格放的圖，是奔赴也是駛離。其中一幅描繪旋轉木馬中有一匹飛離了，上面寫著：「生來註定奔向更遠。」屬於木馬的出軌不現實，那能「出逃」的是思考還是想像？書中的圖多是現實的悖論，並標上「全劇終」，在「時間即圓」的世界裡，我們雖只能停在未竟，卻也永遠重生。

__作家 馬欣

片刻的力量

每個人心中都有一個珍貴的片刻，一小盞故事的微光；也許只是不經意的一句話，或是一陣風、一個眼神，卻能為平凡無奇的生命打開開闊的窗景。

本書善用了影像時代的「片刻」力量，在快速流逝的數秒之內，以一個個極其微小的故事，向生命提問，為讀者注入活力與靈光。

__詩人 潘家欣

獻給露絲

序言

我卡在這篇序文已經好幾天，實在不太知道該說些什麼好。我只知道，我想談我們要懂得自我表達，了解吐露心事的重要，每個人都有獨有的心事，這是多麼美麗啊。

我也想談作畫如何以許多方式挽救我的生活，讓我坐在書桌前就能遊歷和認識一些美麗的地方。

如果一定要在這裡說什麼，我會鼓勵大家找到自己的表達方式，不管是跳舞、唱歌、程式設計、大叫、燉菜、跑步、修補東西，或照顧他人，然後用來向他人傾訴。或許我會說，我創作迷你短篇故事正是在傾訴，我做這件事時感到開心和快樂。

可是，正如同我告訴你們，我卡住了。我不知道怎麼開始，所以等待我解決的同時，我邀各位繼續看下去，看看你們是不是能在扉頁之間，找到我沒能說出口的話。

雷內・梅里諾，馬德里，二○二一年四月

迷你極短篇

目錄

「世界是我的！」他驕傲大叫。

「是我的，是我的……」群山回應了他。

全劇終

13

「我要當冰屋！」
「我要當雪人！」
「我們會永生不死！」雪花在飄落時紛紛大叫。
太陽正躲在雲層後面，一聲不響地等待著。

全劇終

你的話語和我的聽力之間有一座橋。

橋承受不了重量。

全劇終

從故事的結局來看，
小紅帽沒那麼善良，
大野狼沒那麼邪惡。

全劇終

「走開！我沒時間！」銀行家說。
「那麼你一無所有。」乞丐回答。

全劇終

「我不想逃，我不怕你。」小孩說。
「終於！」怪物回答。

全劇終

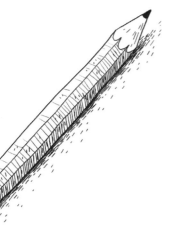

————結果如同預期。————

————結果幾乎如同預期。————

————有些結果如同預期。————

結果都不如預期。

全劇終

只消抬起頭，就能遇見一生摯愛。

但是他們永遠不會知道。

全劇終

他丟球，牠接球。
他丟球，牠接球。
他丟球，牠接球。
他丟球，牠接球。
他丟球，牠接球。
他丟球，牠接球。
他丟球，牠接球。
他丟球，牠接球。

這是牠這輩子最快樂的一天。

全劇終

「你保存這麼多回憶做什麼？」

「這一箱是美好的回憶，用來重溫過往。」

「那不好的回憶呢？」

「用來感傷現在。」

全劇終

才開始就結束。
萬物皆然。

全劇終

他在不得不親自換羽絨被單那天，
了解自己的能力多有限。

全劇終

哭得太傷心，忘掉自己為什麼而哭。

全劇終

生來註定奔向更遠。

全劇終

一輩子走在離自己越來越遠的方向，
當然不可能到得了目的地。

全劇終

這是第一次換瓦斯桶配送瓦斯工人，
他們從此白頭偕老。

全劇終

這樣最好。
不要有人知道。

全劇終

它最後一次閉上眼睛之後，在其他地方，有個人第一次打開它的眼睛。

它永遠搞不清楚，這是故事的開始還是結束。

全劇終

天生泳將，卻渴望飛翔。

全劇終

有一天，有一顆種子從最貧瘠的土壤，冒出了嫩芽。

全劇終

他清掃沙發底下時，找到一條巧克力糖和想起一段回憶。

他扔掉回憶，吃掉了巧克力糖。

全劇終

瑪汀娜平日腳踏實地。
只有入夜後，她會望向月亮，伸長雙腳，
做些白日夢。

全劇終

我遇到船難。不要派人來。

全劇終

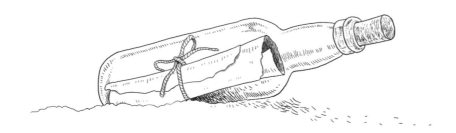

他感到內心空虛，
是真的空虛。

全劇終

「總之，我當個伴還可以吧。」他心想。

全劇終

有一天，就這麼發生了。

全劇終

世界上最動人的一首詩，就藏在一個抽屜裡。
據說，人讀了詩，會失去理智，雙眼變成紫色。
不過沒關係，正如我說的，詩藏在抽屜裡。

全劇終

她邁開腳步，兩人感覺似乎遺落了什麼。
真不可思議，因為他們素不相識。

全劇終

「你真光彩奪目！」太陽說。

「多虧有你的光。」月亮說。

全劇終

全世界最帥的吸血鬼，也是最不快樂的吸血鬼。
「長這麼帥，我卻永遠看不到。」他對著鏡子自憐。

全劇終

夜裡，他的夢紛紛脫逃。

大多數都迷失，但是少數幾個成真。

全劇終

「我從沒聽過這麼吵雜的噪音。」
他在全然的寂靜中想著。

全劇終

第一隻上月球的老鼠，站在一片遼闊的灰色石頭地前面，幾秒過後牠說：
「休士頓，我們確認月球是乳酪做的。」牠矇騙。
然後，地球上的上百萬隻老鼠都開心地跳了起來。

全劇終

它受夠了地心引力。

全劇終

有一顆沙漠中的石頭學會唱歌。

據說歌聲是為了祈雨，但其實是純粹無聊。

全劇終

他看著人生在眼前流逝，像看一部電影，
卻是部爛電影，然後睡著了。

全劇終

很久很久以前，有個天不怕地不怕的游擊隊隊員。

他是所有隊員中最勇敢的一個。

但也因此英年早逝。

全劇終

他本來只是一塊石頭，
直到遇到一隻伯樂手。

全劇終

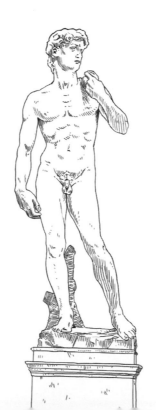

「我發誓，明天一定敢。」
他的墓碑文這麼寫著。

全劇終

「我會回來的！」葉子微弱的聲音難以聽見。
只有經過的狐狸，牠停下腳步，凝視葉子飄落。

全劇終

「奶奶，為什麼妳犯錯會微笑呢？」
「因為我再走一步就會成功啦。」

全劇終

天主創造了世界。第七天祂休息。
第八天祂喝了一杯酒慶祝。接著又再一杯。
然後又連喝了幾杯，這時祂創造了鴨嘴獸。

全劇終

有時回憶會帶人暢遊。這時希望是單程票，

卻往往是來回票。

全劇終

時間在他們認識那天停下腳步，
儘管活到九十歲，他們卻沒有變老。

全劇終

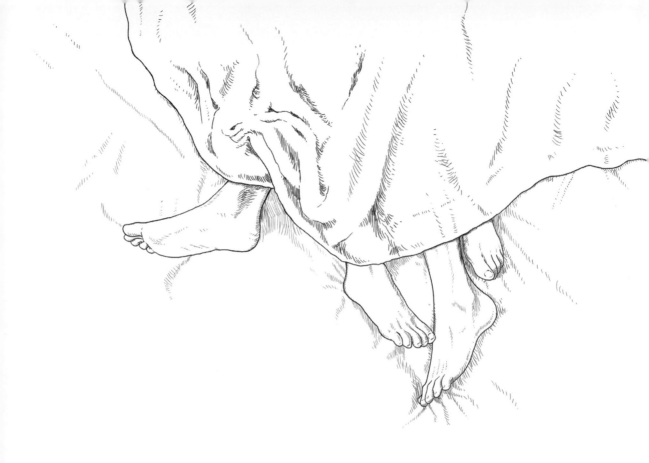

他們在話語間迷失，在床單間相遇。

全劇終

左鄰右舍都以為她瘋了。因為她每天早上給塑膠盆栽澆水。
有一天盆栽開花了，街區的人都不敢置信。
這位叫席夢娜的「瘋婆子」坐在搖椅上，露出勝利的微笑。

全劇終

它不知道自己是水杯，因為從沒人給它倒水。

全劇終

早安啊，你。

全劇終

他在一片充滿否定的海洋上，釣到了一個肯定。

全劇終

他跌了個跤，然後等人來攙扶。
所以他還繼續趴在地上。

全劇終

在她身邊永遠是夏天。

除了那雙腳，就像在該死的冬天。

全劇終

他的世界是如此狹窄，
小到不缺任何東西，就擁有全世界。

全劇終

她頂著一座燈塔，以免回憶迷失方向。

全劇終

一朵雪花迷路了，它降落在加勒比海。
有人說下雪了，有人說那不算。

全劇終

下雨後總是天晴。
天晴後總是下雨。

全劇終

人的不同面向，偶爾也會有意見相同的時刻。

全劇終

「你再多留一會兒嘛。」一個說。
「明天吧。」另一個說。

全劇終

有一天，所有無法成功的角色齊聚一堂，
替最後成功的那個角色鼓掌。

全劇終

他們過著幸福快樂的日子，故事從這裡開始。

全劇終

「在海天相連的那一端，有個美好的世界。」
「但是不可能去得了那麼遠！」
「當然可能，只是旅途很……」

全劇終

謝辭

感謝在我創作這本書期間伸出援手的人，感謝我的編輯芭芭拉、
哈維，他們傳達的關懷，他們所做的一切，和曾經激起我的靈感
火花的所有藝術家，特別要感謝筆名「季諾」的華金・薩爾瓦多，
他的作品總是深深觸動我的腦袋和我的心靈。

Titan 154

有一天，就這麼發生了
迷你極短篇

作者｜雷內・梅里諾（René Merino）
譯者｜葉淑吟
出版者｜大田出版有限公司
台北市一〇四四五中山北路二段二十六巷二號二樓
編輯部專線：(02) 2562-1383 傳真：(02) 2581-8761
E-mail｜titan@morningstar.com.tw http：//www.titan3.com.tw
總編輯｜莊培園
副總編輯｜蔡鳳儀
執行編輯｜鄭鈺澐
編輯｜葉羿妤
行銷編輯｜張筠和
校對｜黃薇霓／葉淑吟
內頁美術｜陳柔含

初版｜二〇二四年三月一日 定價：三五〇元
網路書店｜http://www.morningstar.com.tw（晨星網路書店）
TEL：(04) 23595819 FAX：(04) 23595493
購書Email｜service@morningstar.com.tw
郵政劃撥｜15060393（知己圖書股份有限公司）
印刷｜上好印刷股份有限公司
國際書碼｜978-986-179-856-1 CIP：191.9/112022256

填回函雙重禮
①立即送購書優惠券
②抽獎小禮物

國家圖書館出版品預行編目資料

有一天，就這麼發生了：迷你極短篇
／雷內・梅里諾（René Merino）著；葉淑
吟譯．——初版——台北市：大田，2024.03
面；公分．——（Titan；154）

ISBN 978-986-179-856-1（平裝）

191.9　　　　　　　　　　112022256